Nota a los padres

Aprender a leer es uno de los logros más importantes de la pequeña infancia. Los libros de ***¡Hola, lector!*** están diseñados para ayudar al niño a convertirse en un diestro lector y a gozar de la lectura. Cuando aprende a leer, el niño lo hace recordando las palabras más frecuentes como "la", "los", y "es"; reconociendo el sonido de las sílabas para descifrar nuevas palabras; e interpretando los dibujos y las pautas del texto. Estos libros le ofrecen al mismo tiempo historias entretenidas y la estructura que necesita para leer solo y de corrido. He aquí algunas sugerencias para ayudar a su niño *antes, durante y después* de leer.

Antes

• Mire los dibujos de la tapa y haga que su niño anticipe de qué se trata la historia.
• Léale la historia.
• Aliéntelo para que participe con frases y palabras familiares.
• Lea la primera línea y haga que su niño la lea después de usted.

Durante

• Haga que su niño piense sobre una palabra que no reconoce inmediatamente. Ayúdelo con indicaciones como: "¿Reconoces este sonido?", "¿Ya hemos leído otras palabras como ésta?"
• Aliente a su niño a reproducir los sonidos de las letras para decir nuevas palabras.
• Cuando necesite ayuda, pronuncie usted la palabra para que no tenga que luchar mucho y que la experiencia de la lectura sea positiva.
• Aliéntelo a divertirse leyendo con mucha expresión... ¡como un actor!

Después

• Pídale que haga una lista con sus palabras favoritas.
• Aliéntelo a que lea una y otra vez los libros. Pídale que se los lea a sus hermanos, abuelos y hasta a sus animalitos de peluche. La lectura repetida desarrolla la confianza en los pequeños lectores.
• Hablen de las historias. Pregunte y conteste preguntas. Compartan ideas sobre los personajes y las situaciones del libro más divertidas e interesantes.

Espero que usted y su niño aprecien este libro.

—Francie Alexander
Especialista en lectura
Scholastic's Learning Ventures

Para E.W.R.
—W.R

A mis padres, que siempre me apoyaron en mi deseo de dibujar, y a la memoria de mi abuelo, que me mostró la magia de la naturaleza.
—J.C.

Originally published in English as *Armies of Ants.*

Traducido por María Rebeca Olagaray

ISBN 0-439-08742-2

12 11 10 9 8 7 6 5 4 3 2 1 9/9 0 1 2 3 4/0

Printed in the U.S.A. 24

First Scholastic Spanish printing, May 1999

Ejércitos de hormigas

por Walter Retan

Ilustrado por Jean Cassels

¡Hola, lector! — Nivel 4

New York Toronto London Auckland Sydney
Mexico City New Delhi Hong Kong

CAPÍTULO 1

Hormigas en marcha

El sol de la mañana brilla sobre el caluroso bosque tropical. Algo está pasando bajo los grandes y verdes árboles. Se siente un murmullo en el piso del bosque. Los insectos saltan en el aire y se golpean contra los troncos de los árboles. Las moscas zumban cerca del suelo. Y de vez en cuando, algún pájaro se lanza en picado para atrapar un insecto.

¿Qué está pasando?

¡Hay un ejército de hormigas en marcha!

Son las hormigas legionarias
que viven en las zonas calientes
y húmedas de África y América
del Sur.
Éstas hormigas se alimentan de
casi cualquier tipo de insectos o
animales pequeños que se crucen
en su camino, desde saltamontes
y arañas, hasta pájaros en sus nidos.

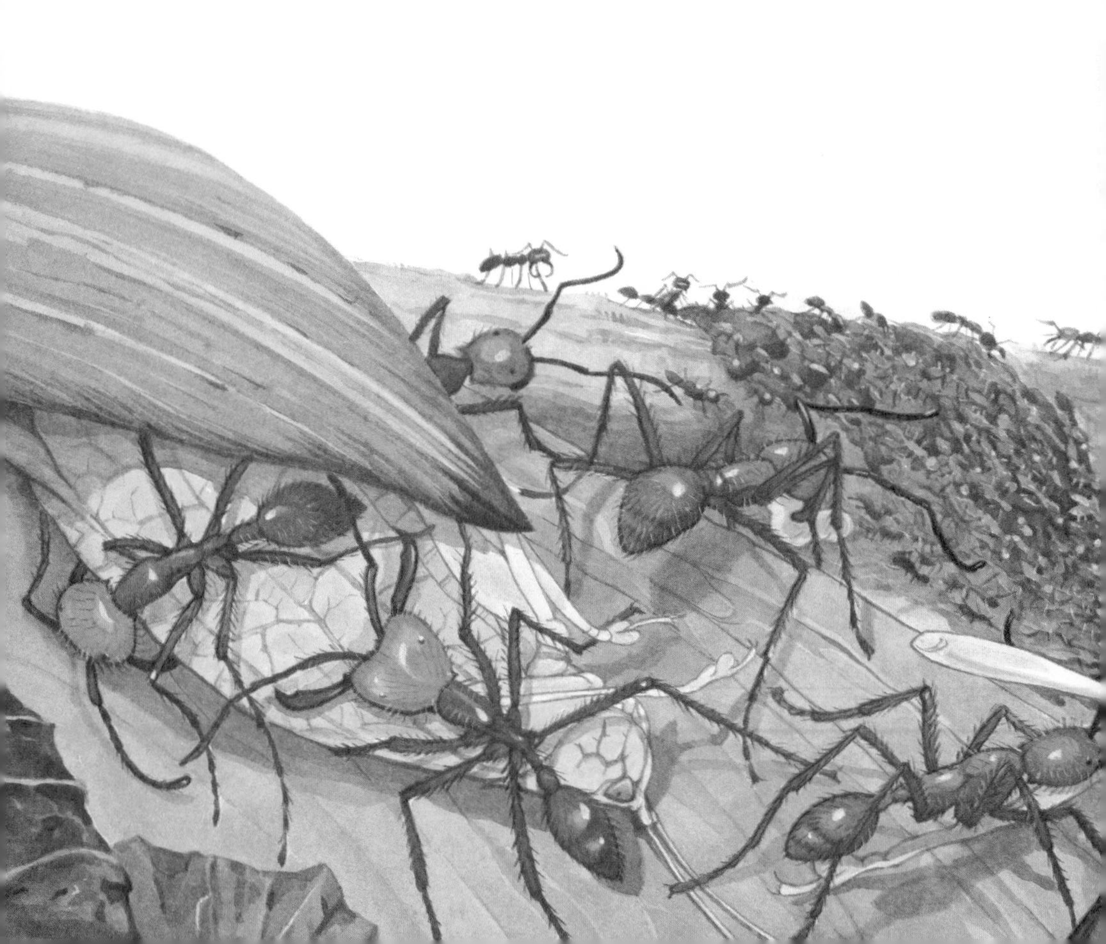

Una hormiga legionaria, por
sí sola, no puede hacer mucho
daño, pero cientos de miles de
ellas se convierten en un enemigo
peligroso.
Entre todas atacan a su presa y
la despedazan con sus fuertes
mandíbulas y sus dientes afilados.
Después comparten la comida.

Las hormigas legionarias
no construyen hormigueros.
Pasan cada noche en un lugar
diferente: bajo una roca, en un
tronco caído o en un árbol. Usan
sus fuertes pezuñas para formar
una especie de red viviente
enganchándose unas a otras por
las patas y los cuerpos.
Forman una pelota gigante y
así descansan. Por la mañana
se separan y la cacería vuelve
a empezar. Pueden marchar en
línea recta o en abanico. No hay
líderes. Simplemente, un grupo
de hormigas dirige el camino
durante una corta distancia
hasta que otro grupo empuja
para pasar al frente. Estos
empujones hacen que el grupo
siga avanzando.

Las hormigas legionarias más
grandes se mantienen a los
lados para proteger al resto
del enjambre de sus enemigos.
Al cabo de unas dos semanas,
las hormigas se detienen.
Ha llegado el momento de que
la hormiga reina deposite
sus huevos.
La reina es la más grande de
la colonia.

Las hormigas escogen un lugar
seguro y se agrupan alrededor
de su reina.
Algunas hormigas obreras
buscan comida para compartirla
con las demás.
Al poco tiempo, la reina deposita
miles de huevos.
Unas tres semanas más tarde,
el ejército se vuelve a poner
en marcha.

CAPÍTULO 2
Las hormigas han sobrevivido a los dinosaurios

Las hormigas legionarias no son los únicos asombrosos miembros de la familia.
Existen unas 9.000 especies de hormigas en el mundo.
Los únicos lugares donde no hay hormigas son aquellos donde hace mucho frío, como el Polo Norte y el Polo Sur.
Las hormigas viven en la Tierra desde antes que los dinosaurios.
Los dinosaurios desaparecieron hace millones de años, mientras que las hormigas ¡siguen aquí!

Aunque hay miles de especies de hormigas, todas tienen cuerpos muy parecidos.
La cabeza suele ser grande. De su parte anterior salen dos largos sensores o antenas.
Las antenas les sirven para oler, reconocer a otras hormigas y examinar la comida.

Cuando una hormiga está ocupada,
mueve las antenas sin parar.
En la cabeza también están las
mandíbulas. A diferencia de nosotros,
que las abrimos de arriba abajo, las
hormigas las abren hacia los lados.
Las mandíbulas les sirven para
recoger comida, cargar a sus crías y
atacar a sus enemigos.
Muchas hormigas tienen dientes
afilados en las mandíbulas.

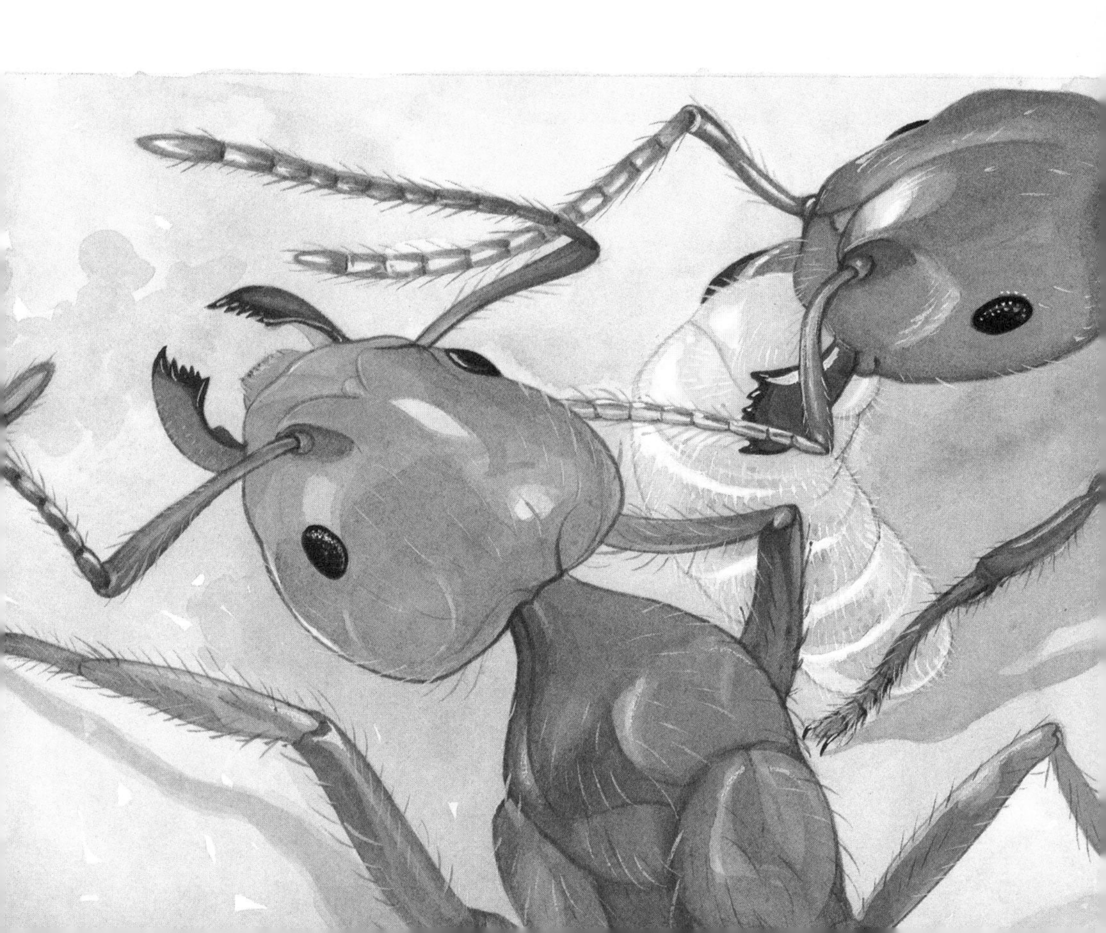

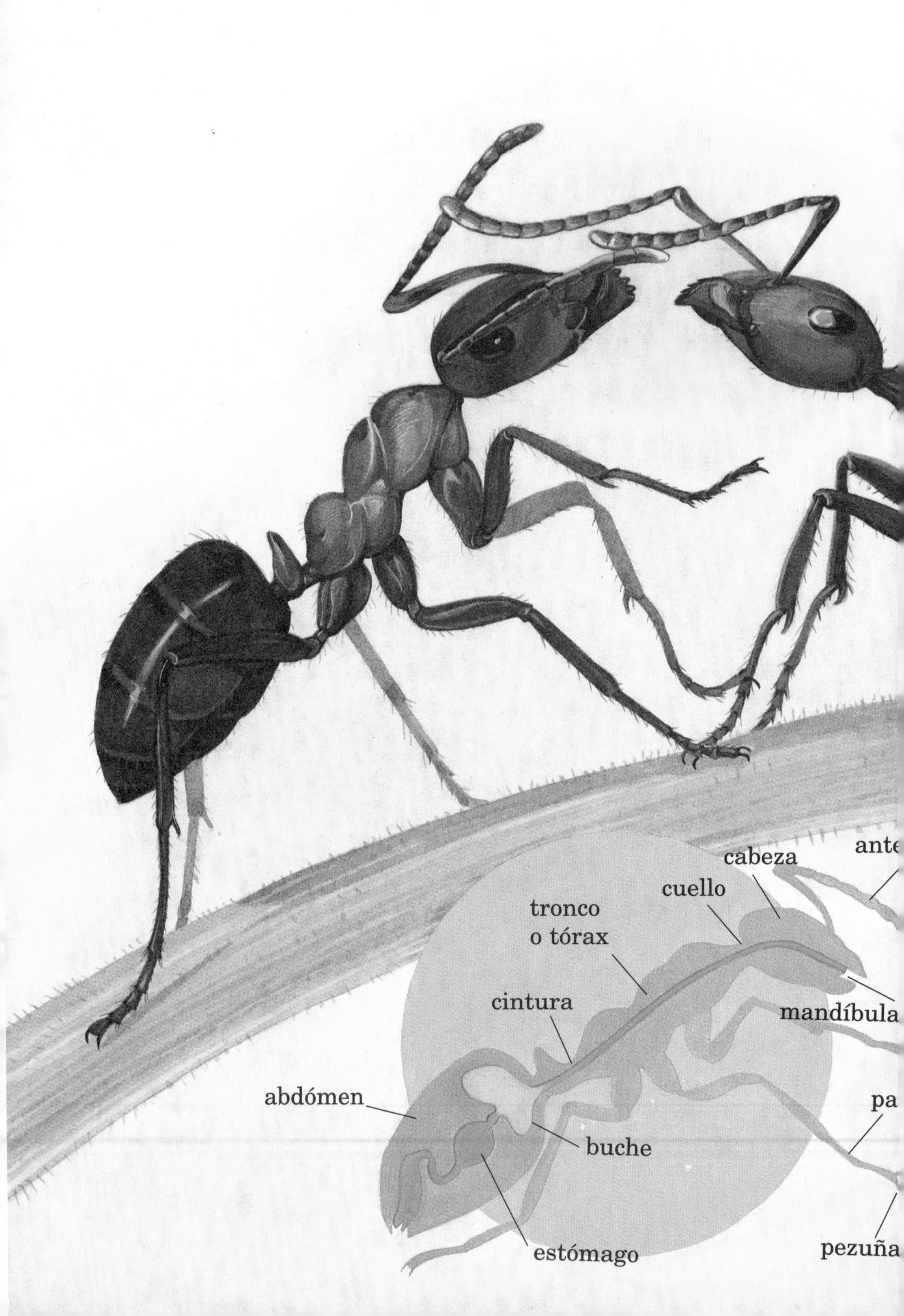
cabeza
ante
cuello
tronco
o tórax
mandíbula
cintura
abdómen
pa
buche
estómago
pezuña

La cabeza se une al tórax
mediante un cuello delgado.
Del tórax salen tres pares de
patas. Cada pata tiene un pie
con dos pezuñas en forma
de gancho.
Las pezuñas les sirven para
trepar árboles, escarbar la tierra
y luchar contra sus enemigos.

Las hormigas tienen una cintura
muy estrecha que une el tórax
con el abdómen. En el abdómen
se encuentra el estómago y
una bolsa especial donde
guardan la comida. Esta bolsa
se llama buche.
Las hormigas pueden regurgitar
la comida que tienen en el buche
para compartirla con otras
hormigas.
El buche se estira con facilidad
para que pueda caber más comida.

CAPÍTULO 3
Veneno potente

Algunas especies de hormigas tienen un aguijón venenoso en la parte final del abdómen. La hormiga bulldog de Australia es una de las más peligrosas. Esta hormiga caza sola. Se esconde bajo un arbusto y espera. Cuando pasa un insecto, salta y lo atrapa con sus potentes mandíbulas. Luego le clava su aguijón. Una vez que la presa está muerta, la desgarra en trocitos.

Las hormigas bulldog pueden correr muy rápido. ¡A veces hasta persiguen a las personas!

Otra de las hormigas que pican
es la roja. Esta hormiga llegó a
Estados Unidos desde Sudamérica.
Cuando una hormiga roja clava su
aguijón se siente como si hubiera
metido por la piel una aguja al
rojo vivo.
Las hormigas rojas causan muchos
problemas a los agricultores porque
construyen montículos de tierra y
eso hace difícil cortar el heno.

Las hormigas rojas también pican
a las vacas.
Algunas hormigas venenosas no
tienen aguijón, en cambio tienen
una glándula en el abdómen con
veneno. Cuando atacan a sus
enemigos, les lanzan el veneno
por un embudo especial.

CAPÍTULO 4
Trabajo en equipo

Las hormigas son insectos sociales y viven en grupos llamados colonias.
Dentro de las colonias hay distintas clases de hormigas que se encargan de trabajos diferentes.
Trabajan en equipo para el bien del grupo entero.
La reina es el miembro más importante de la colonia.
Al nacer, las hormigas reinas tienen cuatro alas, igual que los machos.
Cuando crecen lo suficiente, las reinas y los machos vuelan y se aparean en el aire. Poco tiempo después los machos mueren.

Cada reina se va volando para fundar su propia colonia. Primero se le caen las alas, luego busca un lugar apropiado para construir su nido. Una vez allí, pone los huevos.

Los huevos son tan pequeños que la gente normalmente no los puede ver. La reina incuba los huevos y al cabo de unos días, se convierten en *larvas*. Las larvas no tienen patas.

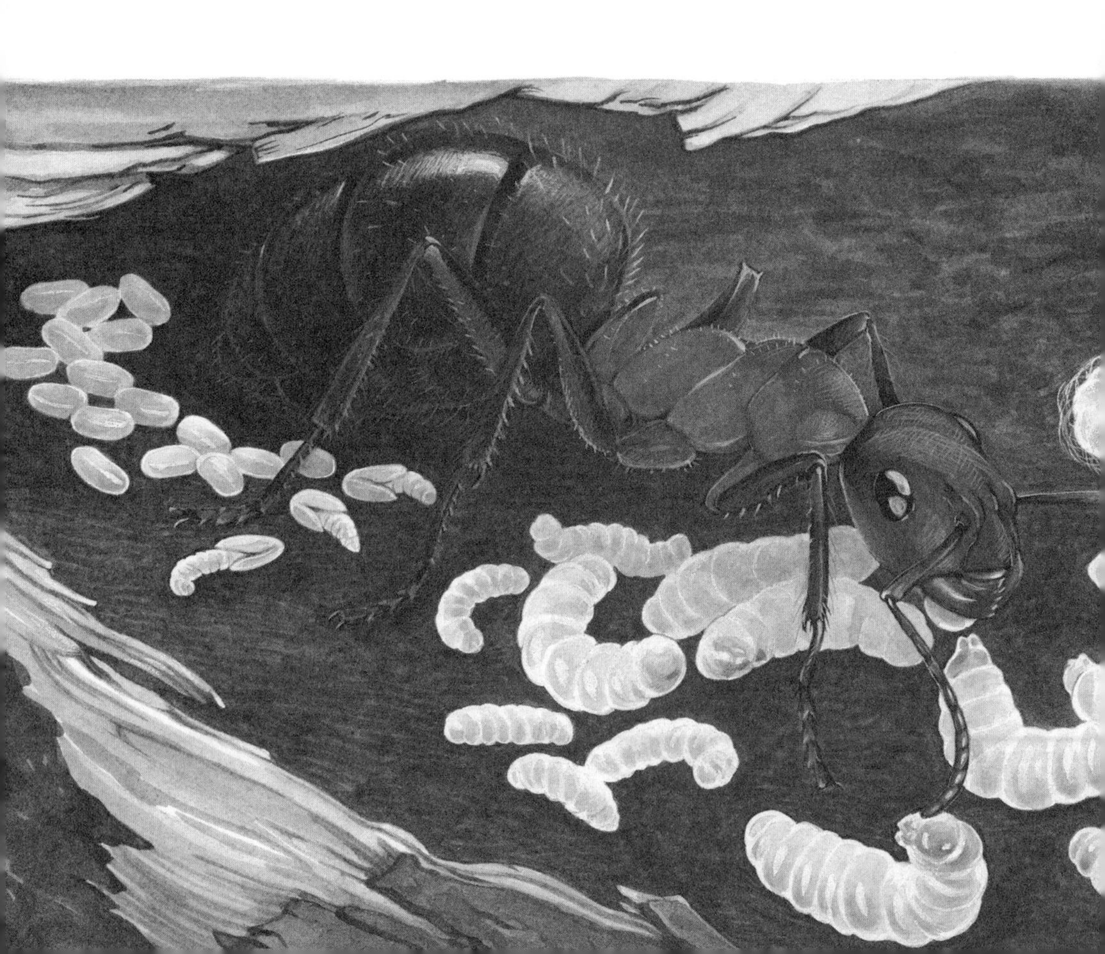

Al poco tiempo, algunas larvas empiezan a tejer sus capullos blancos y sedosos; a otras les crece un armazón grueso y transparente. A las hormigas en este estado de crecimiento se les llama *ninfas*. Pasadas unas semanas, salen de sus capullos o armazones, como adultas. Por lo general, las hembras nacen primero. Ellas buscan la comida, defienden la colonia y reparan el nido.

CAPÍTULO 5

Ciudades de hormigas

Las hormigas construyen muchos tipos de hormigueros.
Algunas especies de hormigas negras de jardín, forman sus hogares bajo la tierra. Utilizan sus diminutas pezuñas para escarbar túneles y cámaras subterráneas.
Todas las cámaras tienen una función distinta. Algunas sirven para almacenar comida. Otras se utilizan para guardar los huevos y las larvas.
Si en una cámara empieza a hacer mucho frío, calor o humedad, las hormigas obreras se llevan los huevos y las larvas a otro sitio.
Normalmente hay una cámara especial para la hormiga reina y los huevos que acaba de poner.
En el mismo hormiguero subterráneo pueden vivir miles y miles de hormigas.

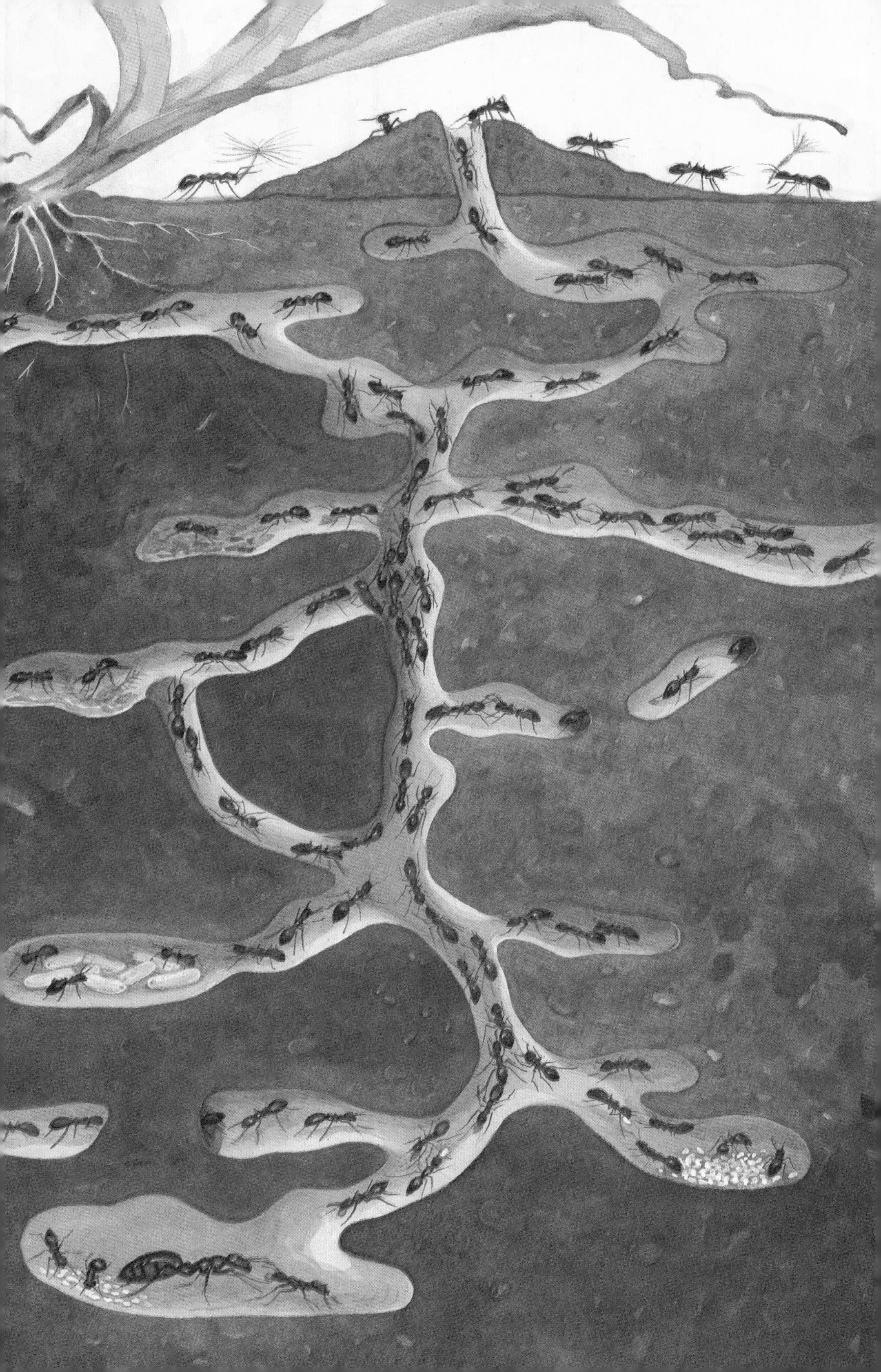

Hay muchas especies de hormigas rojas que viven en los bosques. Algunas empiezan a hacer sus hormigueros bajo tierra. Luego, añaden un gran promontorio en la superficie.
Amontonan hojas secas, tierra y puntas de pino y las unen entretejiéndolas.
El hormiguero tiene muchas galerías y cámaras.
Cuando el clima es cálido, viven en la superficie.
En invierno se mudan al hormiguero bajo tierra.

Las hormigas carpinteras construyen sus hormigueros en los troncos y las ramas de los árboles.
A veces también los hacen en las vigas de madera de las casas.
Cuando hacen los túneles en los árboles sanos o en las vigas de las casas, pueden ocasionar muchos daños.

Las hormigas tejedoras son las más astutas al construir sus hormigueros. Viven en las copas de los árboles en África, Asia y Australia.
Una sola colonia de hormigas tejedoras suele ocupar cuatro o cinco árboles y puede llegar a tener medio millón de miembros.
Las hormigas tejedoras hacen sus hormigueros juntando varias hojas para formar un bolsillo.

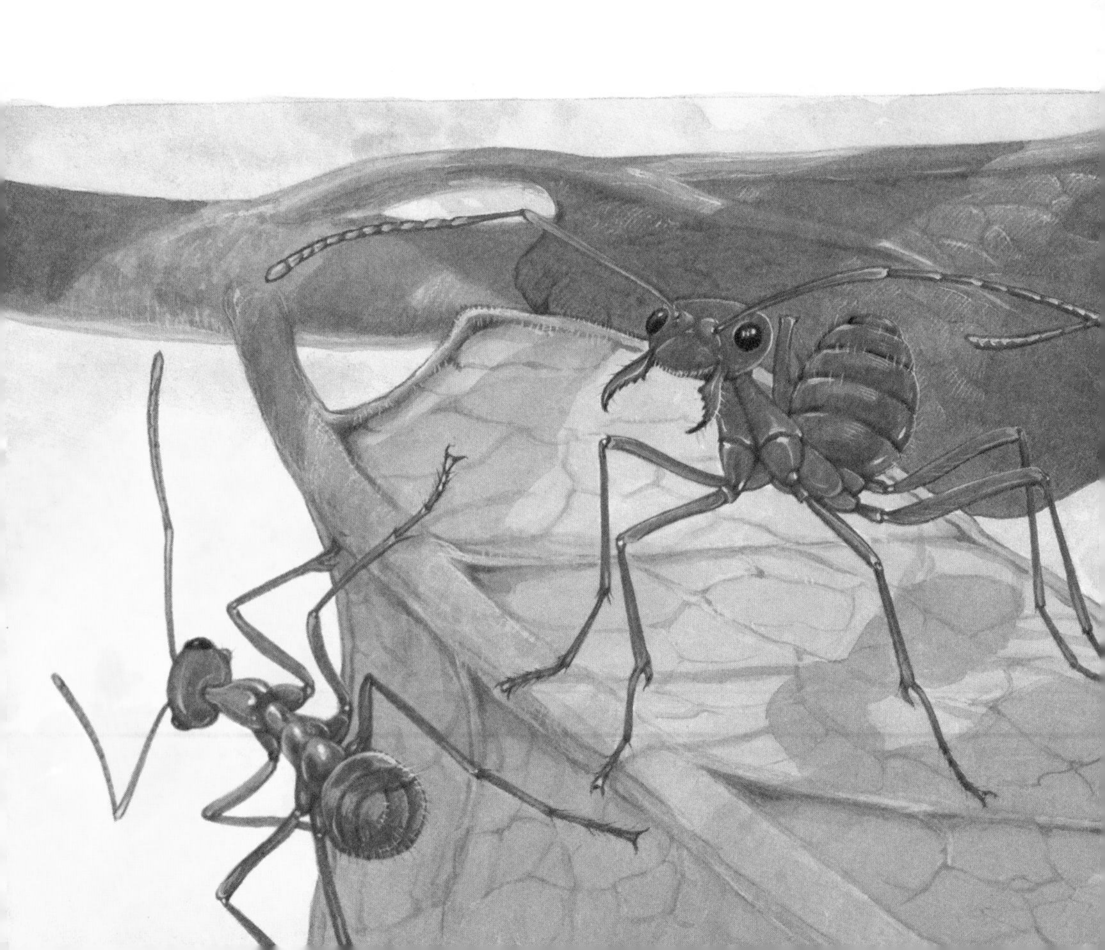

Un grupo de hormigas se pone en el borde de una hoja y la sostienen con sus patas traseras. Luego, con sus mandíbulas, agarran otra hoja que esté cerca. Si está demasiado lejos, las obreras forman cadenas y se van sujetando a la cintura de la hormiga que tienen enfrente.

Mientras este grupo de
hormigas junta los bordes
de las hojas, otras se dedican
a traer las larvas.
Cada hormiga obrera lleva
suavemente entre sus
mandíbulas una larva.
Las larvas sueltan una
pequeña cantidad de seda
que se pega al borde de
la hoja.
Luego, la obrera lleva
la larva al borde de la
segunda hoja. La seda que
va saliendo de la larva hace
de hilo y sirve para unir las
dos hojas.
El hormiguero queda
colgando de las ramas y
tiene el aspecto de un
capullo de hojas sedosas.

Algunas especies de hormigas no son capaces de construir sus propios hormigueros, ni de cuidar a sus crías. Para eso tienen esclavas que les hacen el trabajo.
Un ejemplo de este tipo de hormigas son las amazonas.
Son muy grandes, sus cuerpos son brillantes y de colores rojo y negro. Tienen unas mandíbulas grandes y curvas, que no les sirven para escarbar la tierra ni para cargar sus larvas o ninfas.

Ni siquiera son capaces de conseguir
su propia comida.
Las esclavas obreras tienen que
alimentarlas y cuidar de sus nidos.
En su propio hormiguero, las
amazonas son muy perezosas.
Se quedan cerca de sus nidos,
limpiando sus lustrosos cuerpos o
rogando a las esclavas que les lleven
la comida.

Sin embargo, cuando las amazonas buscan esclavas, se convierten en valientes luchadoras.
En cuanto una amazona encuentra un hormiguero que pertenece a otra especie de hormiga, regresa veloz a su casa.
Por el camino va desprendiendo un olor especial.

Las otras hormigas amazonas
siguen el rastro del olor que ha
dejado y llegan al otro hormiguero.
Allí atacan a las hormigas y se
llevan sus ninfas.
Una vez en el hormiguero, las
esclavas se ocupan de criar a
las jóvenes.

CAPÍTULO 6
Comida de hormigas

Las hormigas se alimentan de muchos tipos de comida.
Muchas comen insectos y otros animales pequeños.
Las hormigas agricultoras reúnen semillas de plantas como el trigo, las llevan a sus hormigueros y las almacenan en cámaras especiales.
Las obreras utilizan sus mandíbulas para rasgar la dura cubierta de la semilla. Luego mastican los granos hasta hacer con ellos una pulpa suave.
A veces a esto se le llama pan de hormiga.
Las agricultoras siempre tienen un abastecimiento de semillas y pan de hormiga en sus cámaras de almacenamiento.

Las hormigas cortadoras de hojas cultivan su propia comida en enormes hormigueros subterráneos. Con frecuencia viven más de un millón en una sola colonia.
Por la noche, salen del hormiguero largas columnas de obreras. Cortan pedacitos de hojas de árboles y otras plantas y los llevan de regreso al hormiguero, sosteniéndolos en alto como si fueran sombrillas.

Por eso, se les suele llamar hormigas
paraguas o parasol.
Una vez en el hormiguero, las obreras
más pequeñas cortan las hojas en
pedacitos muy pequeños.
Luego, otras obreras, todavía más
pequeñas, mastican los pedacitos y
forman una papilla suave.
Esta papilla la utilizan para cultivar
hongos en sus jardines subterráneos.

En el desierto del Sahara, en África,
las hormigas plateadas cazan en
plena luz del día. Así evitan a sus
enemigos, que a esas horas se
esconden para protegerse del calor.
La hormiga plateada caza sola. Busca
insectos y animales pequeños que han
muerto por el calor.
Sus patas son mucho más largas que
las del resto de las hormigas.

Las patas largas les ayudan
a mantenerse alejadas de la
arena caliente.
Estas hormigas se mueven muy
rápido e intentan tocar el suelo
lo menos posible.
A veces levantan dos de sus patas
y avanzan dando brincos.

Las hormigas mieleras viven
en la zona suroeste de
Estados Unidos.
Si el clima es fresco y húmedo,
las obreras recogen de las
flores y de otros insectos un
líquido dulce llamado ligamaza
y lo almacenan en sus buches
hasta que regresan a
sus hormigueros.
Una vez allí, regurgitan la
ligamaza en las bocas de las
obreras jóvenes y grandes. A
esta obreras se las llama *repletes*.
Las repletes se llenan tanto, que
a veces no se pueden mover.
Si el clima es seco y cálido, la
ligamaza es difícil de encontrar.
Entonces, las obreras hambrientas
van a donde están las repletes
y éstas regurgitan la ligamaza
en su boca.

CAPÍTULO 7

Si todas las hormigas desaparecieran

Existen millones de hormigas en el mundo. Si desaparecieran, la vida en la Tierra sería muy diferente, porque:

- Las hormigas comen muchos insectos que podrían producir plagas.
- Las hormigas diseminan las semillas.
- Las hormigas comen insectos y animales pequeños muertos.

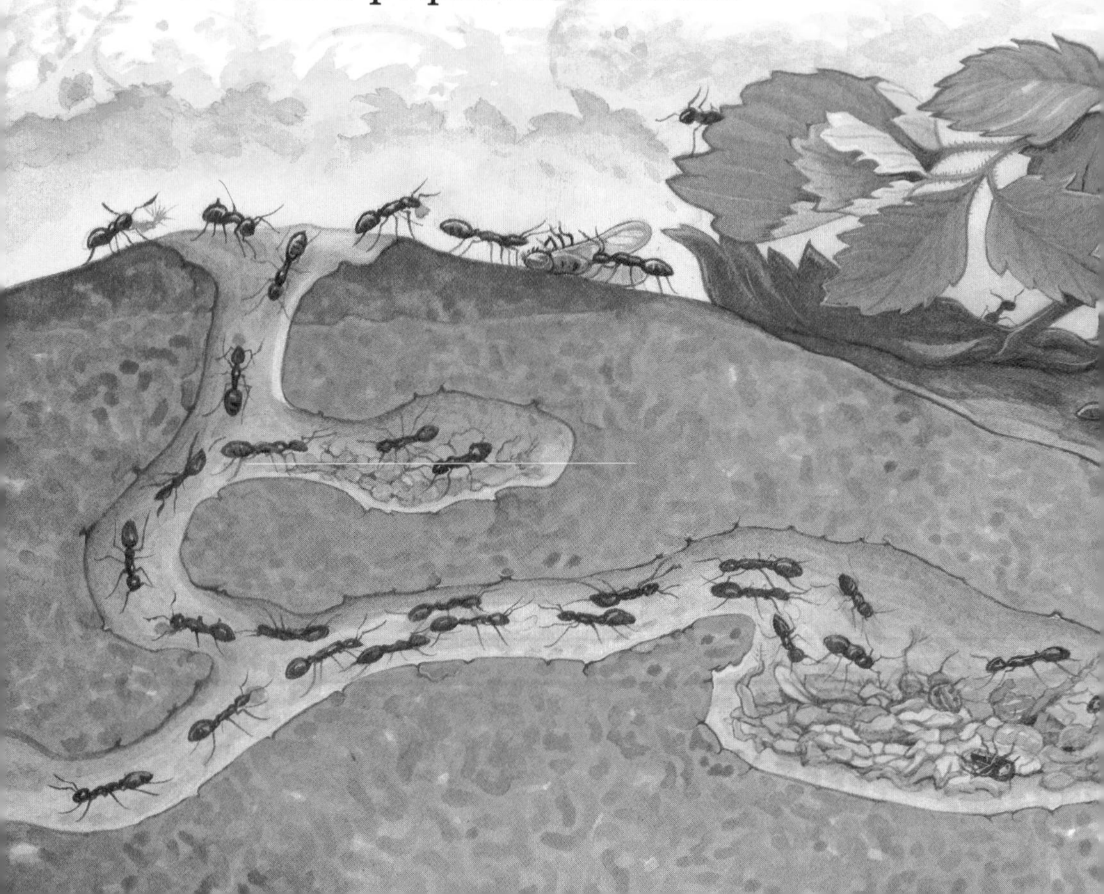

- Las hormigas sirven de alimento a sapos, ranas, pájaros, lagartos y osos hormigueros.
- Las hormigas airean la tierra y la enriquecen.

Sin el trabajo de las hormigas, las plantas y los bosques morirían. Los animales que comen plantas también morirían. Miles de especies de plantas y animales desaparecerían lentamente del planeta.

Por supuesto, algunas hormigas pueden producir plagas. Pero por lo general, sus efectos son más buenos que malos.

Las hormigas son unos insectos muy especiales:
Se pueden comunicar entre sí.
Reparten las labores para llevar a cabo trabajos pesados.
Y además, trabajan para el bienestar de todo el grupo.

Las hormigas han sobrevivido porque son unos insectos muy pequeños.
Otros animales mucho más grandes, como los dinosaurios, han desaparecido más rápidamente.
¡Pero las hormigas todavía siguen con nosotros!